Impressum
Verlag: BABADADA GmbH, Nedderfeld 112 , 22529 Hamburg
Geschäftsführer / Verlagsleitung: Harald Hof
Druck: Books on Demand GmbH, In de Tarpen 42, 22848 Norderstedt

Imprint
Publisher: BABADADA GmbH, Nedderfeld 112 , 22529 Hamburg, Germany
Managing Director / Publishing direction: Harald Hof
Print: Books on Demand GmbH, In de Tarpen 42, 22848 Norderstedt, Germany

# škola
# escuela

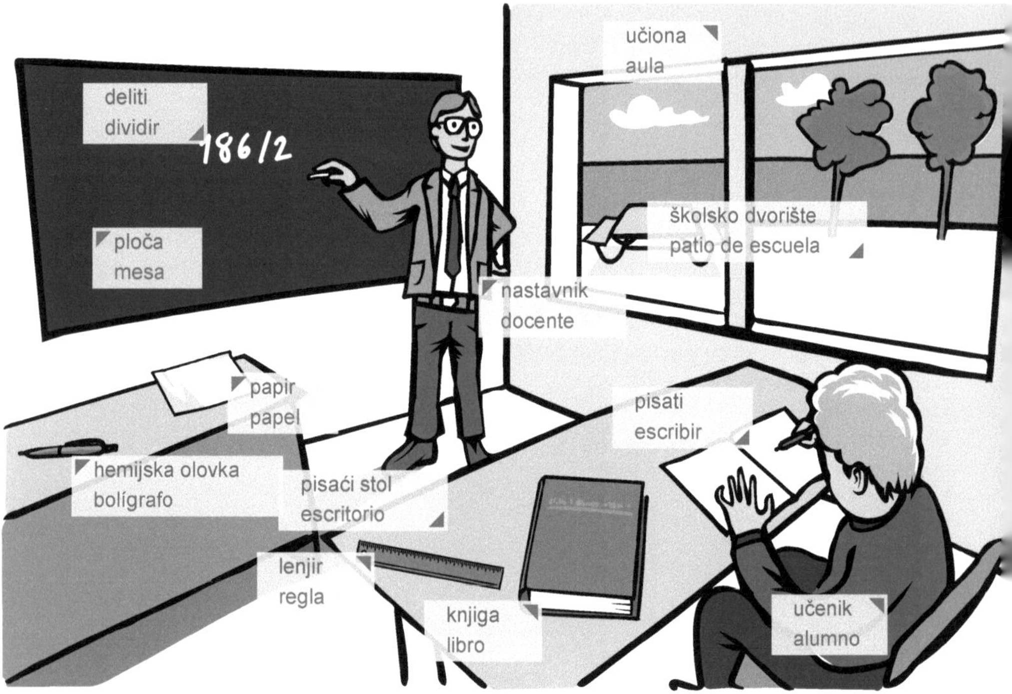

učiona
aula
deliti
dividir
186/2
školsko dvorište
patio de escuela
ploča
mesa
nastavnik
docente
papir
papel
pisati
escribir
hemijska olovka
bolígrafo
pisaći stol
escritorio
lenjir
regla
knjiga
libro
učenik
alumno


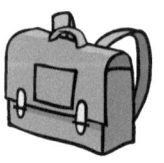

torba

mochila escolar

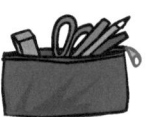

pernica

caja de lápices

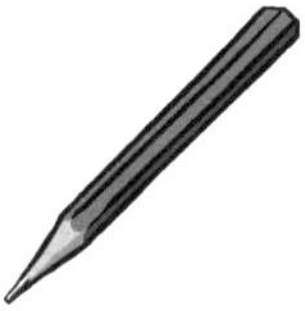

grafitna olovka

lápiz

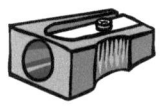

šiljilo za olovke

sacapuntas

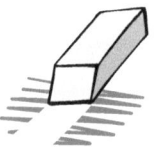

gumica za brisanje

goma de borrar

blok za crtanje

bloc de dibujo

crtež

dibujo

kist

pincel

kutija sa bojama

caja de pinturas

makaze

tijera

lepilo

pegamento

beležnica

libro de ejercicios

domaći zadatak

tarea

broj

número

sabirati

sumar

oduzimati

restar

množiti

multiplicar

računati

calcular

slovo

letra

abeceda

alfabeto

hello

reč

palabra

tekst

texto

čitati

leer

kreda

tiza

čas

lección

dnevnik

libro de clase

ispit

examen

svedočanstvo

certificado

školska uniforma

uniforme escolar

obrazovanje

educación

leksikon

enciclopedia

univerzitet

universidad

mikroskop

microscopio

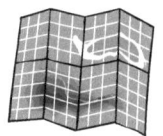

karta

mapa

košara za papir

cesto de papeles

hotel
hotel

prenoćište
albergue

ROOMS

menjačnica
casa de cambio

EXCHANGE

kofer
maleta

auto
auto

jezik
idioma

da / ne
sí / no

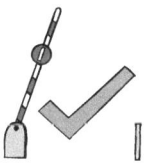

okej
ok

zdravo
hola

prevodilac
intérprete

hvala
gracias

Koliko košta...?

¿Cuánto cuesta...?

ne razumem

No entiendo

problem

problema

dobro veče!

¡Buenas tardes!

Dobro jutro!

¡Buenos días!

Laku noć!

¡Buenas noches!

doviđenja

adiós

smer

dirección

prtljaga

equipaje

torba

bolso

ruksak

mochila

gost

invitado

soba

cuarto

vreća za spavanje

saco de dormir

šator

tienda de campaña

turističke informacije

información al turista

plaža

playa

kreditna kartica

tarjeta de crédito

doručak

desayuno

ručak

almuerzo

večera

cena

karta za vožnju

pasaje

lift

ascensor

poštanska markica

sello

granica

límite

carina

aduana

ambasada

embajada

viza

visa

pasoš

pasaporte

# transport

# transporte

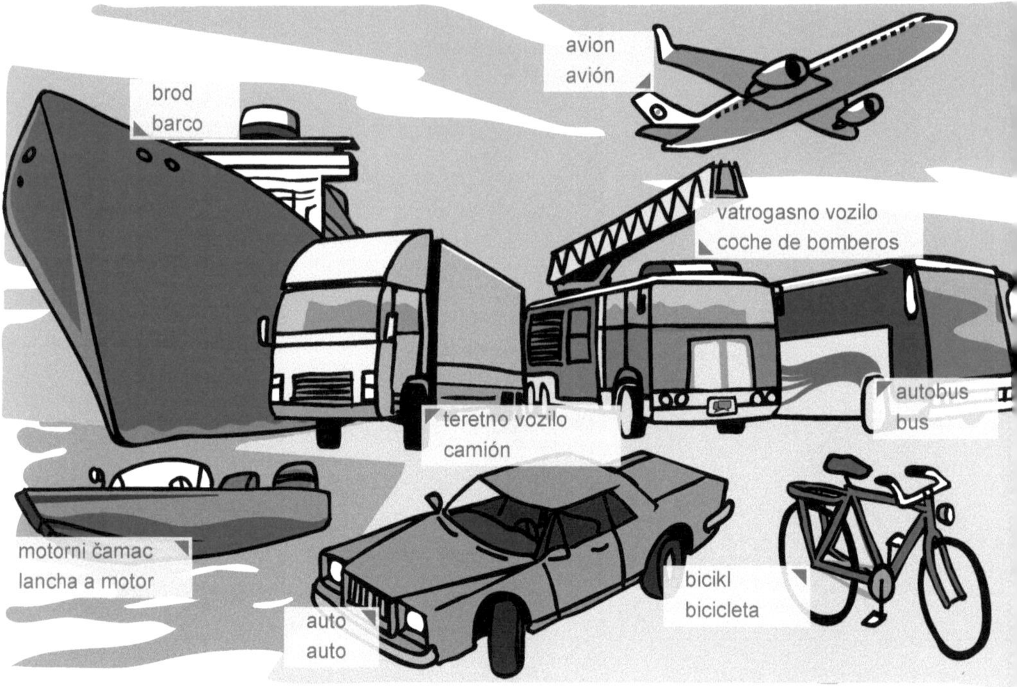

avion
avión
brod
barco
vatrogasno vozilo
coche de bomberos
autobus
bus
teretno vozilo
camión
motorni čamac
lancha a motor
bicikl
bicicleta
auto
auto


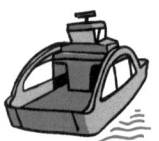

trajekt

balsa

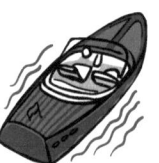

čamac

lancha

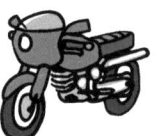

motocikl

motocicleta

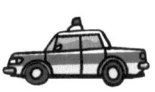

policijski auto

auto de policía

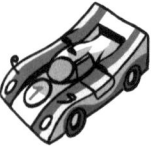

trkaći auto

auto de carreras

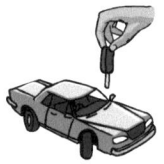

iznajmljeno auto

auto de alquiler

delenje automobila

alquiler de autos

vučno vozilo

grúa

vozilo za odvoz smeća

vehículo recolector de basura

motor

motor

benzin

gasolina

benzinska stanica

gasolinera

saobraćajni znak

señal de tráfico

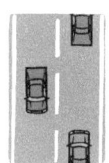

saobraćaj

tránsito

zastoj

atasco

parkiralište

estacionamiento

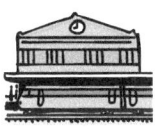

železnička stanica

estación de tren

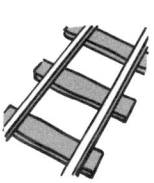

šine

carril

voz

tren

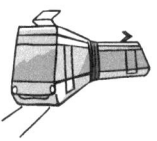

tramvaj

tranvía

vagon

vagón

helikopter

helicóptero

aerodrom

aeropuerto

kula

torre

putnik

pasajero

kontejner

contenedor

karton

caja de cartón

kolica

carro

korpa

cesta

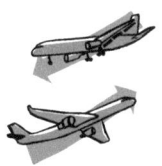

uzleteti / sleteti

despegar / aterrizar

## grad

## ciudad

selo

aldea

centar grada

centro de la ciudad

kuća

casa

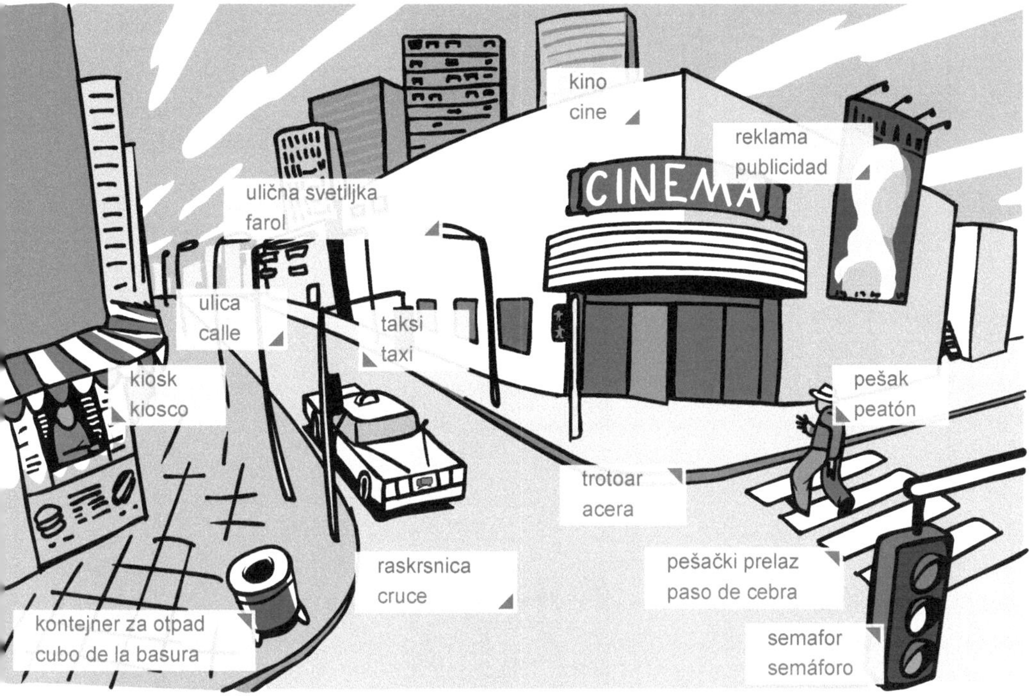

kino
cine
CINEMA
reklama
publicidad
ulična svetiljka
farol
ulica
calle
taksi
taxi
kiosk
kiosco
pešak
peatón
trotoar
acera
raskrsnica
cruce
pešački prelaz
paso de cebra
kontejner za otpad
cubo de la basura
semafor
semáforo

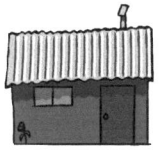

koliba

cabaña

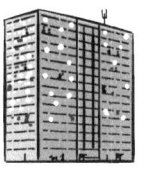

stan

apartamento

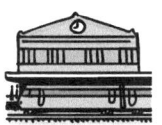

železnička stanica

estación de tren

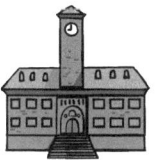

većnica

ayuntamiento

MUSEUM

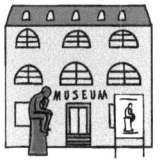

muzej

museo

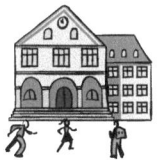

škola

escuela

univerzitet

universidad

banka

banco

bolnica

hospital

hotel

hotel

apoteka

farmacia

kancelarija

oficina

knjižara

librería

prodavnica

negocio

cvećara

florería

supermarket

supermercado

trg

mercado

robna kuća

grandes almacenes

ribarnica

pescadería

trgovački centar

centro comercial

luka

puerto

park
parque

klupa
banco

most
puente

stepenice
escalera

podzemna železnica
metro

tunel
túnel

autobuska stanica
parada de autobuses

bar
bar

restoran
restaurante

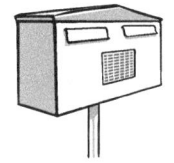

poštansko sanduče
buzón de correo

ulični znak
letrero

parkirni automat
parquimetro

zoološki vrt
zoológico

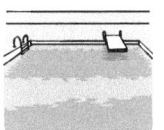

bazen
piscina

džamija
mezquita

seosko gazdinstvo
granja

zagađenje okoline
polución

groblje
cementerio

crkva
iglesia

igralište
parque infantil

hram
templo

# pejsaž
## paisaje

list
hoja

putokaz
indicador de camino

put
sendero

livada
pradera

kamen
piedra

šetač
caminante

drvo
árbol

reka
río

trava
pasto

cvijet
flor

dolina

valle

planina

montaña

jezero

lago

šuma

bosque

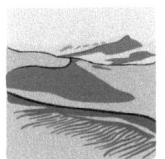

pustinja

desierto

vulkan

volcán

dvorac

castillo

duga

arco iris

gljiva

seta

palma

palmera

moskito

mosquito

muva

mosca

mrav

hormiga

pčela

abeja

pauk

araña

buba
escarabajo

žaba
rana

veverica
ardilla

jež
erizo

zec
liebre

sova
lechuza

ptica
pájaro

labud
cisne

divlja svinja
jabalí

jelen
ciervo

los
alce

nasip
embalse

vetrenjača
aerogenerador

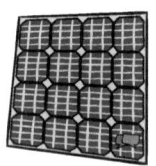

solarna ploča
módulo solar

klima
clima

# restoran
# restaurante

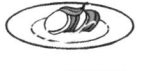

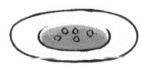

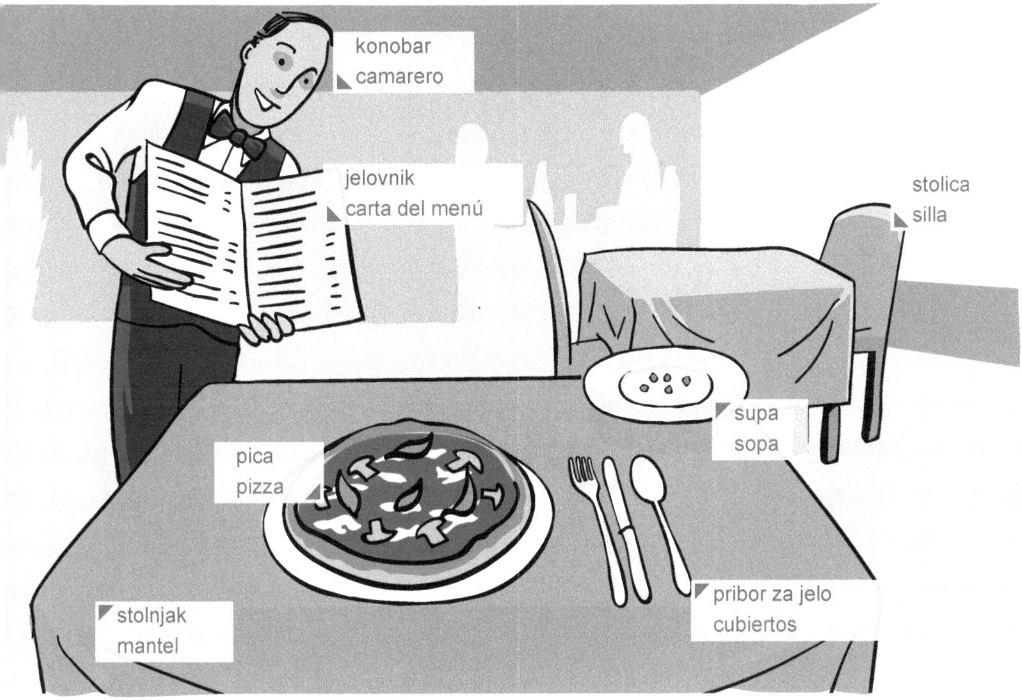
konobar
camarero
jelovnik
carta del menú
stolica
silla
supa
sopa
pica
pizza
pribor za jelo
cubiertos
stolnjak
mantel

predjelo

entrada

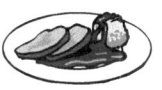

glavno jelo

plato principal

desert

postre

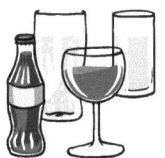

napitci

bebida

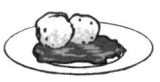

jelo

comida

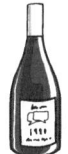

flaša

botella

brza hrana

comida rápida

imbis hrana

comida callejera

čajnik

tetera

doza za šećer

azucarera

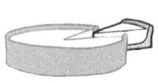

porcija

porción

aparat za espresso

máquina de espresso

visoka stolica

silla alta

račun

factura

poslužavnik

bandeja

nož

cuchillo

viljuška

tenedor

kašika

cuchara

čajna kašika

cuchara de té

salveta

servilleta

čaša

vaso

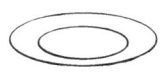

tanjir
plato

tanjir za supu
plato de sopa

tanjirić
platillo

sos
salsa

soljenka
salero

mlin za biber
molinillo para pimienta

sirće
vinagre

ulje
aceite

začini
especias

kečap
ketchup

senf
mostaza

majoneza
mayonesa

# supermarket
# supermercado

ponuda
oferta
FOR
kupac
cliente
mlečni proizvodi
productos lácteos
voće
fruta
kolica za kupovinu
carrito de compras

BUTCHERS

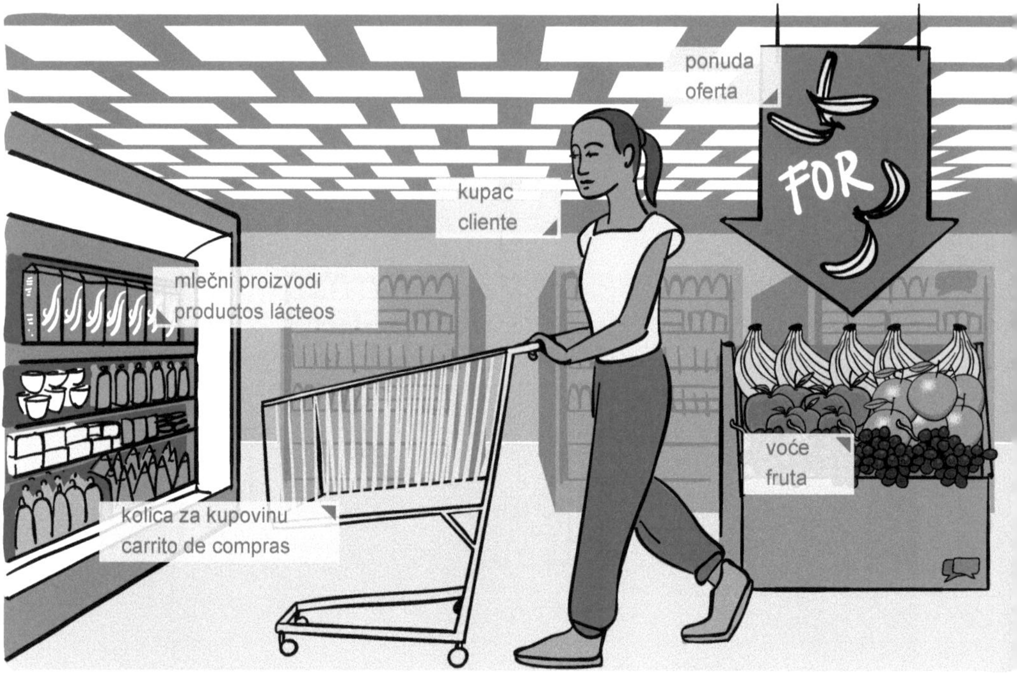

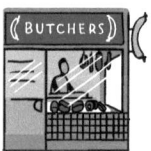

mesnica

carnicería

BAKERY

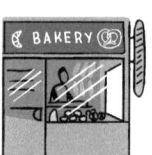

pekara

panadería

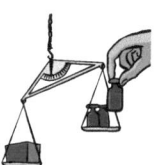

vagati

pesar

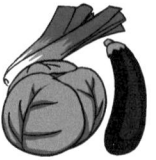

povrće

verdura

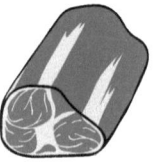

meso

carne

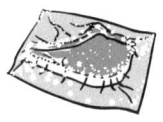

smrznuta hrana

alimentos congelados

narezak

fiambre

konzerve

conservas

sredstvo za pranje

detergente en polvo

slatkiši

dulces

artikli za domaćinstvo

artículos domésticos

sredstva za čišćenje

productos de limpieza

prodavačica

vendedora

blagajna

caja

blagajnik

cajero

lista za kupovinu

lista de compras

vreme rada

horario de atención

novčanik

cartera

kreditna kartica

tarjeta de crédito

torba

maleta

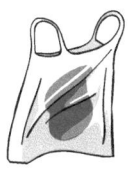

plastična kesa

bolsa plástica

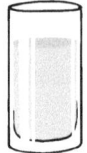

voda

agua

sok

jugo

mleko

leche

kola

refresco de cola

vino

vino

pivo

cerveza

alkohol

alcohol

kakao

cacao

čaj

té

kava

café

espresso

espresso

cappuccino

cappuccino

banana

banana

jabuka

manzana

narandža

naranja

lubenica

sandía

limun

limón

šargarepa

zanahoria

beli luk

ajo

bambus

bambú

luk

cebolla

gljiva

seta

orašasti plodovi

nueces

rezanci

fideos

špagete

espagueti

riža

arroz

salata

ensalada

pomfrit

patatas fritas

pečeni krumpir

patatas salteadas

pica

pizza

hamburger

hamburguesa

sendvič

sándwich

šnicla

escalope

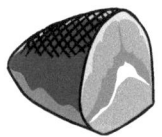

šunka

jamón

salama

salame

kobasica

embutido

kokoš

pollo

pečenje

asado

riba

pescado

zobene pahuljice

copos de avena

musli

musli

kukuruzne pahuljice

copos de maíz tostado

brašno

harina

kroasan

croissant

pecivo

panecillo

hleb

pan

toast

tostada

keksi

galletas

maslac

mantequilla

sveži sir

cuajada

kolač

pastel

jaje

huevo

jaje na oko

huevo frito

sir

queso

sladoled

helado

šećer

azúcar

med

miel

marmelada

mermelada

nugat krema

praliné

kari

curry

# seosko gazdinstvo
# granja

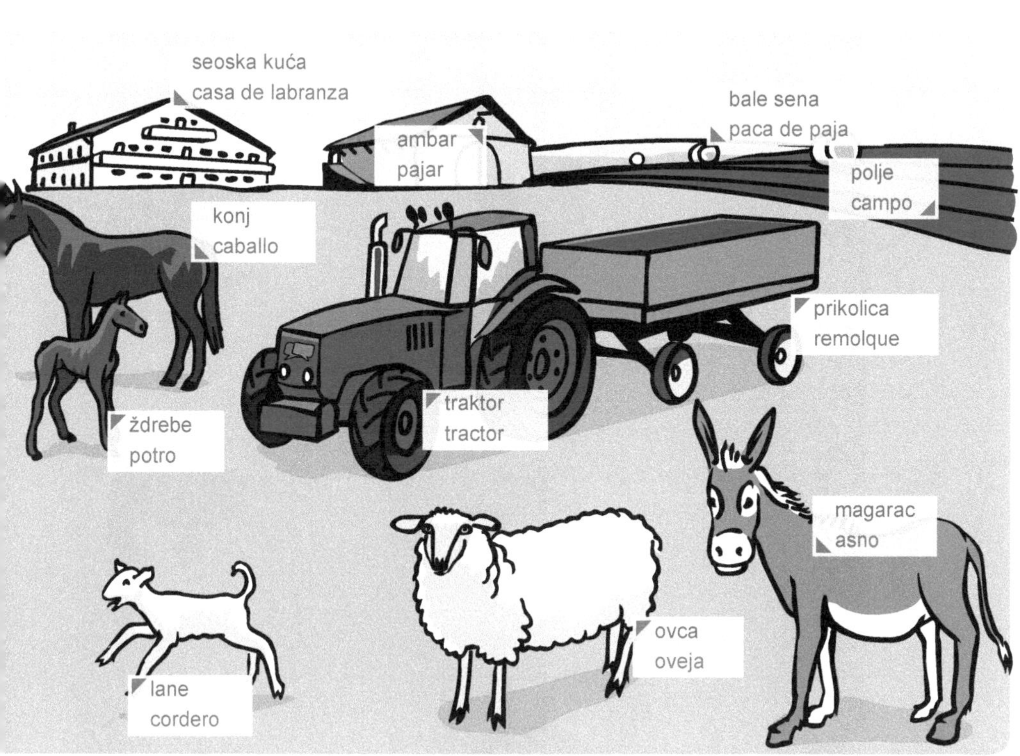
seoska kuća
casa de labranza
ambar
pajar
bale sena
paca de paja
polje
campo
konj
caballo
prikolica
remolque
traktor
tractor
ždrebe
potro
magarac
asno
ovca
oveja
lane
cordero

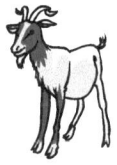

koza

cabra

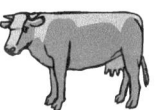

krava

vaca

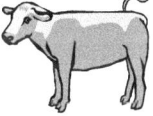

tele

ternero

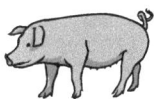

svinja

cerdo

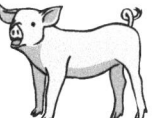

prase

lechón

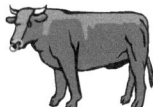

bik

toro

guska

ganso

patka

pato

pilići

polluelo

kokoš

pollo

petao

gallo

pacov

rata

mačka

gato

miš

ratón

vol

buey

pas

perro

kućica za psa

caseta del perro

vrtno crevo

manguera de riego

kanta za polivanje

regadera

kosa

guadaña

plug

arado

srp

hoz

motika

azada

viljuška za đubrivo

bieldo

sekira

hacha

tačke

carretilla

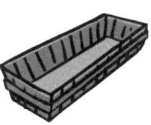

korito

abrevadero

posuda za mleko

lechera

vreća

saco

ograda

cerca

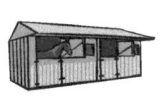

štala

establo

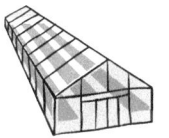

staklenik

invernadero

zemlja

suelo

seme

semilla

đubrivo

fertilizante

kombajn

cosechadora

žeti
cosechar

žetva
cosecha

jams začin
raíz de ñame

pšenica
trigo

soja
soja

krumpir
patata

kukuruz
maíz

uljana repica
colza

voćka
Árbol frutal

gomolj manioke
mandioca

žitarice
cereales

# kuća
# casa

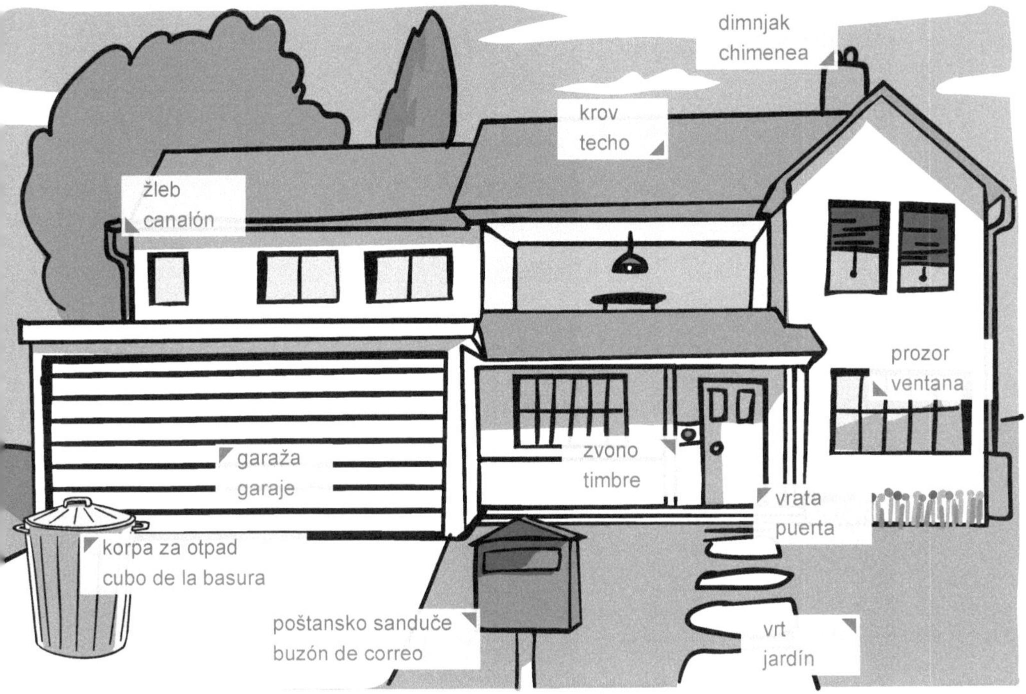
dimnjak
chimenea
krov
techo
žleb
canalón
prozor
ventana
zvono
timbre
garaža
garaje
vrata
puerta
korpa za otpad
cubo de la basura
poštansko sandučе
buzón de correo
vrt
jardín

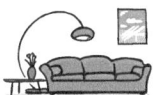

dnevna soba

cuarto de estar

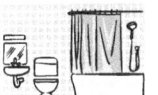

kupaonica

cuarto de baño

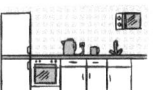

kuhinja

cocina

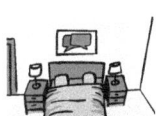

spavaća soba

dormitorio

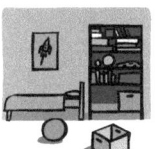

dečija soba

cuarto de los niños

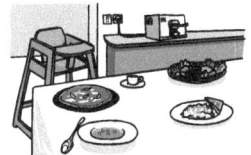

trpezarija

comedor

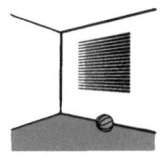

pod
piso

zid
pared

strop
cielorraso

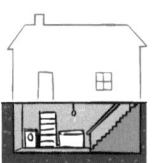

podrum
sótano

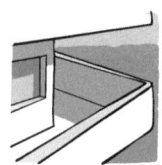

sauna
sauna

balkon
balcón

terasa
terraza

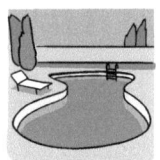

bazen
piscina

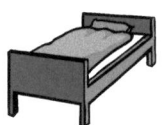

kosilica za travu
cortacésped

posteljina za krevet
funda nórdica

deka za krevet
edredón

krevet
cama

metla
escoba

kanta
cubo

prekidač
interruptor

# dnevna soba
# cuarto de estar

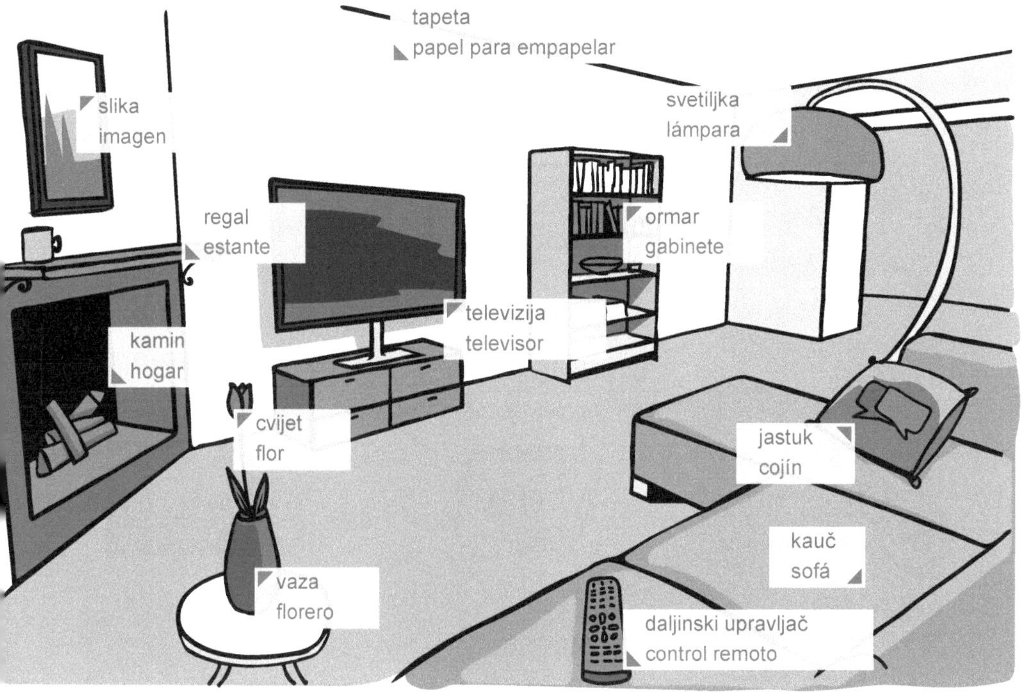

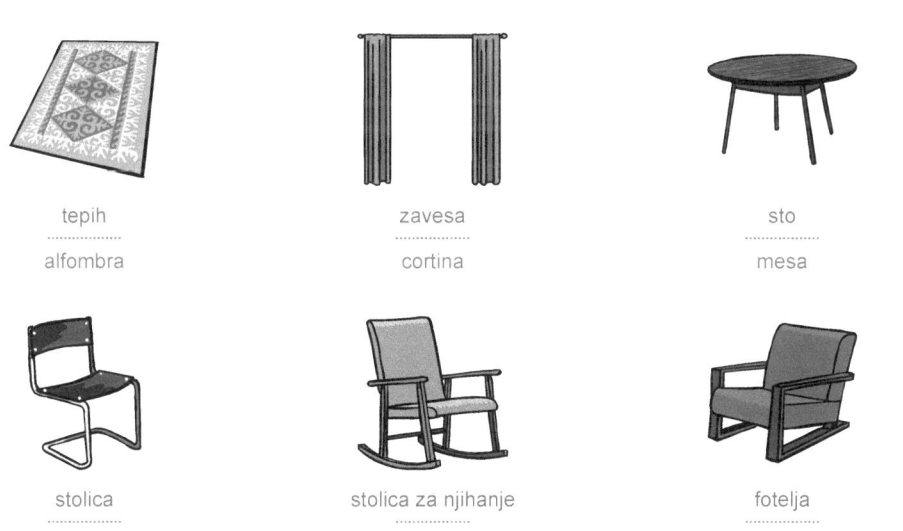

tapeta
papel para empapelar
slika
imagen
svetiljka
lámpara
regal
estante
ormar
gabinete
televizija
televizor
kamin
hogar
cvijet
flor
jastuk
cojín
kauč
sofá
vaza
florero
daljinski upravljač
control remoto


tepih

alfombra

zavesa

cortina

sto

mesa

stolica

silla

stolica za njihanje

mecedora

fotelja

sillón

knjiga

libro

deka

frazada

dekoracija

decoración

drvo za ogrev

leña

film

film

hi-fi uređaj

equipo estereofónico

ključ

llave

novine

periódico

slika na platnu

cuadro

poster

póster

radio

radio

blok za pisanje

bloc de notas

usisivač

aspiradora

kaktus

cactus

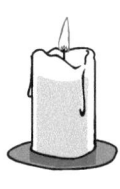

sveća

vela

# kuhinja
# cocina

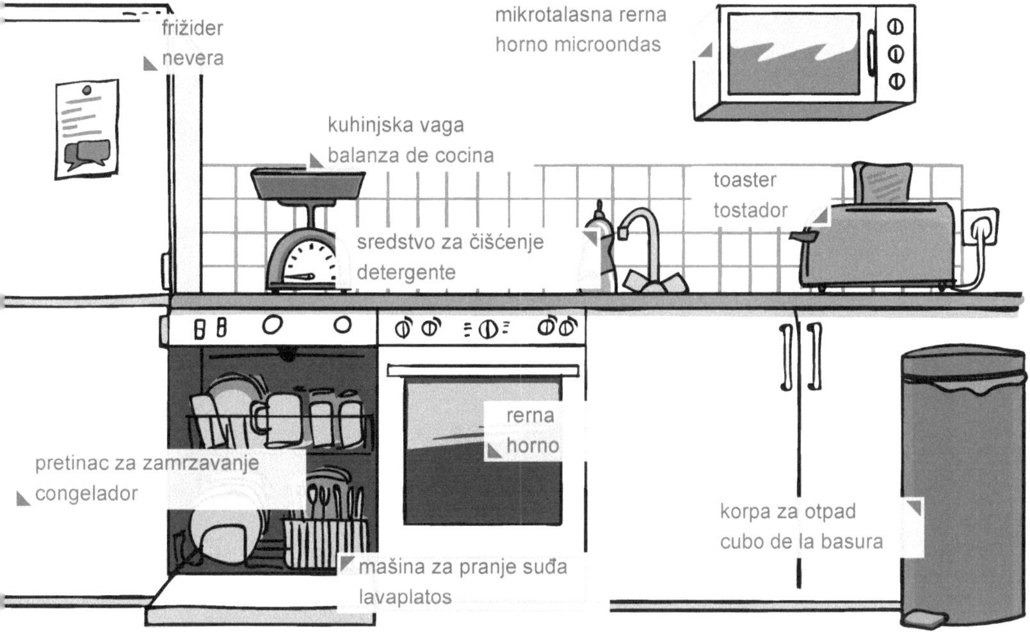

frižider
nevera
mikrotalasna rerna
horno microondas
kuhinjska vaga
balanza de cocina
toaster
tostador
sredstvo za čišćenje
detergente
rerna
horno
pretinac za zamrzavanje
congelador
korpa za otpad
cubo de la basura
mašina za pranje suđa
lavaplatos


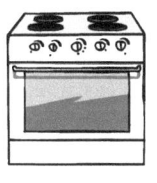

šporet
cocina

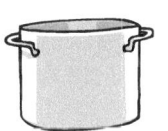

lonac
olla

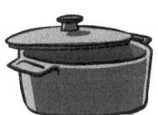

gvozdeni lonac
olla de fundición de hierro

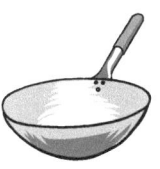

wok / kadai
wok / kadai

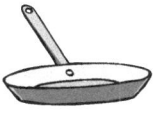

tava
sartén

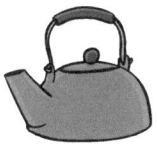

kuvalo za vodu
hervidor de agua

kuvalo na paru

olla de vapor

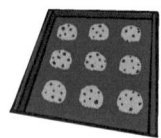

lim za pečenje

bandeja de horno

posuđe

vajilla

čaša

vaso

posuda

bol

štapići za jelo

palillos para comer

kutlača

cucharón de sopa

lopatica

espátula

penjača

batidor

sito za kuvanje

colador

sito

cedazo

ribež

rallador

mužar

mortero

roštilj

parrillada

ognjište

fogata

daska

tabla de picar

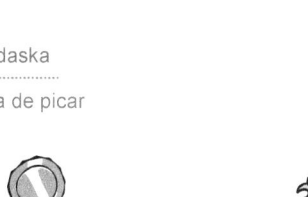

oklagija

rodillo

vadičep

sacacorchos

konzerva

lata

otvarač konzervi

abrelatas

krpa za lonac

agarrador

sudoper

fregadero

četka

cepillo

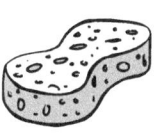

sunđer

esponja

mikser

batidora

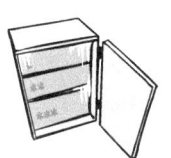

zamrzivač

arcón congelador

flašica za bebe

biberón

slavina za vodu

grifo

# kupaonica
# cuarto de baño

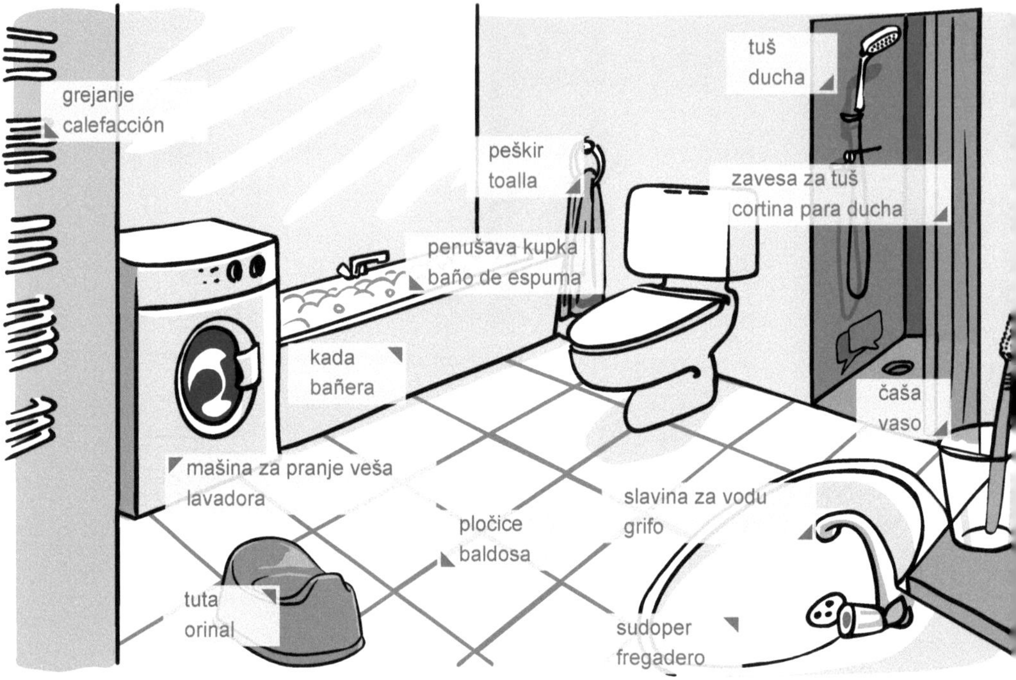

grejanje
calefacción
tuš
ducha
peškir
toalla
zavesa za tuš
cortina para ducha
penušava kupka
baño de espuma
kada
bañera
čaša
vaso
mašina za pranje veša
lavadora
slavina za vodu
grifo
pločice
baldosa
tuta
orinal
sudoper
fregadero


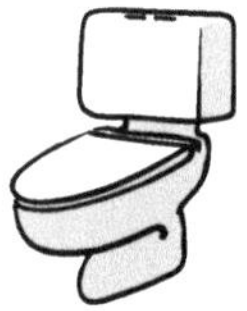

toalet
cuarto de baño

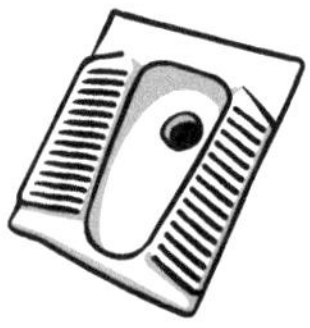

čučavac
placa turca

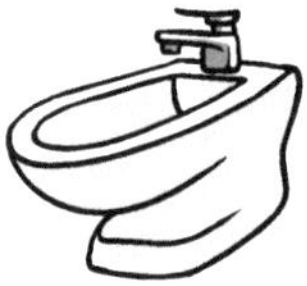

bidet
bidé

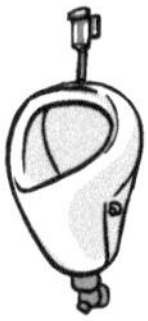

pisoar
urinario

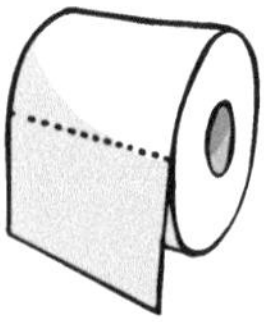

toaletni papir
papel higiénico

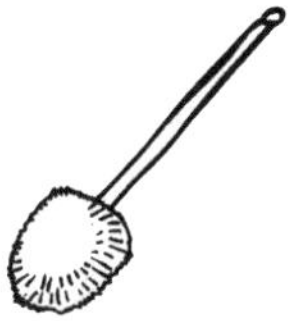

četka za toalet
escobilla para el cuarto de baño

četkica za zube

cepillo de dientes

pasta za zube

pasta dentífrica

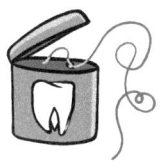

konac za zube

seda dental

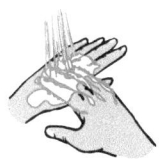

prati

lavar

tuš ručica

ducha teléfono

tuš za pranje intimnih delova

ducha higiénica

lavor

cuenco

četka za pranje leđa

cepillo para la espalda

sapun

jabón

gel za tuširanje

gel de ducha

šampon

champú

krpa za pranje

manopla para baño

odvod

desagüe

krema

crema

dezodorans

desodorante

ogledalo

espejo

kozmetičko ogledalo

espejo de maquillaje

brijač

máquina de afeitar

pena za brijanje

espuma de afeitar

losion za posle brijanja

loción para después del
afeitado

češalj

peine

četka

cepillo

fen za kosu

secador para cabello

sprej za kosu

laca de peinado

makeup

maquillaje

ruž za usne

lápiz labial

lak za nokte

laca para uñas

vata

algodón

makaze za nokte

tijera para uñas

parfem

perfume

kozmetička torbica

neceser

stolica

taburete

vaga

balanza

ogrtač

bata de baño

rukavice za čišćenje

guantes de goma

tampon

tampón

uložak

compresa

hemijski toalet

wáter químico

# dečija soba
# cuarto de los niños

budilnik
despertador
plišana igračka
animal de peluche
auto igračka
auto de juguete
zvečka
sonajero
kućica za lutke
casa de muñecas
poklon
obsequio

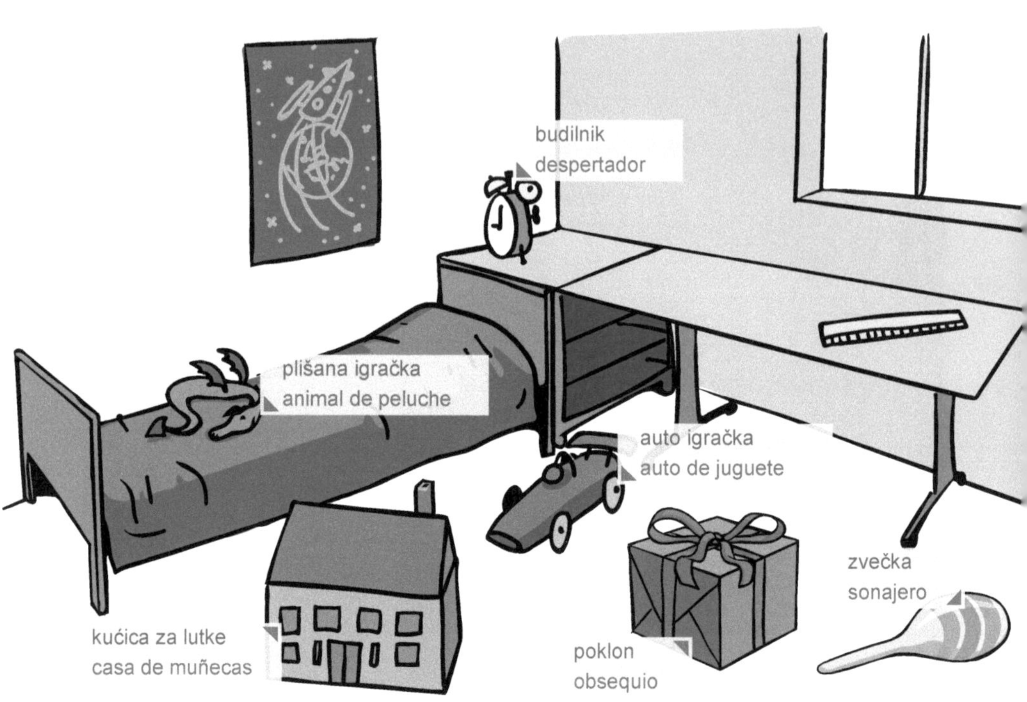

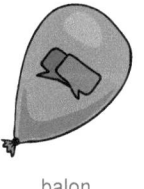

balon

globo

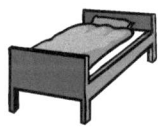

krevet

cama

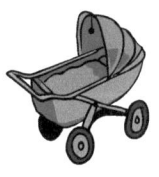

dječija kolica

cochecito para niños

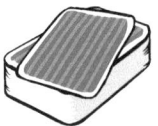

igra s kartama

juego de barajas

slagalica

rompecabezas

SUPER MEGA

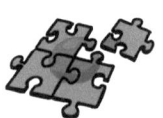

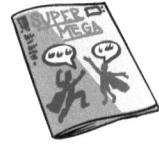

strip

cómic

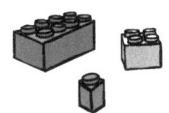

lego kockice

piezas de Lego

kockice za slaganje

bloques para jugar

akcioni junak

figura de acción

benkica za bebe

pijama de una pieza

frizbi

frisbee

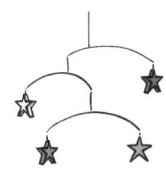

viseće igračke

móvil

društvene igre

juego de mesa

kocka

dado

minijaturna željeznica

tren eléctrico a escala

duda

chupete

zabava

fiesta

slikovnica

libro de dibujos

lopta

pelota

lutka

títere

igrati

jugar

pješčanik

arenero

ljuljačka

columpio

igračka

juguetes

konzola za igre

consola de videojuego

tricikl

triciclo

tedi

osito de peluche

ormar

guardarropa

## odeća
## vestimenta

kratke čarape

calcetines

čarape

medias

hulahopke

panti

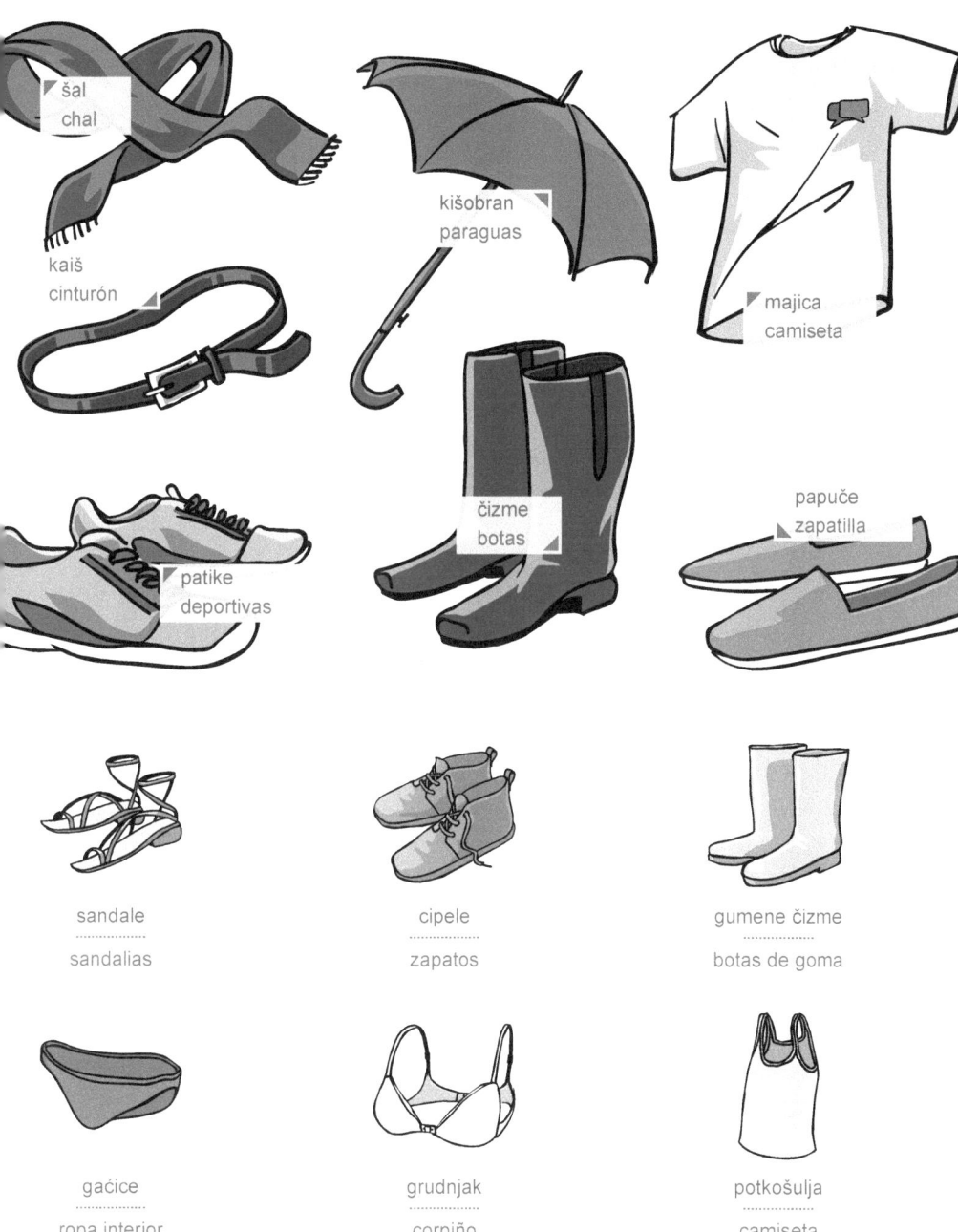

šal
chal

kišobran
paraguas

kaiš
cinturón

majica
camiseta

čizme
botas

papuče
zapatilla

patike
deportivas

sandale
sandalias

cipele
zapatos

gumene čizme
botas de goma

gaćice
ropa interior

grudnjak
corpiño

potkošulja
camiseta

bodi

body

pantalone

pantalón

farmerke

jeans

suknja

falda

bluza

blusa

košulja

camisa

džemper

pullover

džemper s kapuljačom

sweater

sako

blazer

jakna

chaqueta

kaput

abrigo

kabanica

impermeable

kostim

traje chaqueta

haljina

vestido

venčanica

vestido de bodas

odelo

traje

spavaćica

camisón

pidžama

pijama

sari

sari

marama za glavu

pañuelo de cabeza

turban

turbante

burka

burka

kaftan

caftán

abaja

abaya

kupaći kostim

traje de baño

kupaće gaćice

bañador

kratke pantalone

shorts

odeća za trening

chándal

kecelja

delantal

rukavice

guante

dugme

botón

naočare

gafa

narukvica

brazalete

ogrlica

cadena

prsten

anillo

naušnica

aro

kapa

gorra

vešalica

percha

šešir

sombrero

kravata

corbata

patent zatvarač

cierre a cremallera

kaciga

casco

naramenice

tiradores

školska uniforma

uniforme escolar

uniforma

uniforme

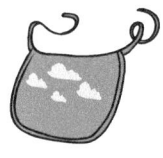

podbradak

babero

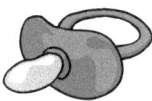

duda

chupete

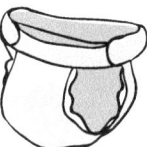

pelena

pañal

# kancelarija

## oficina

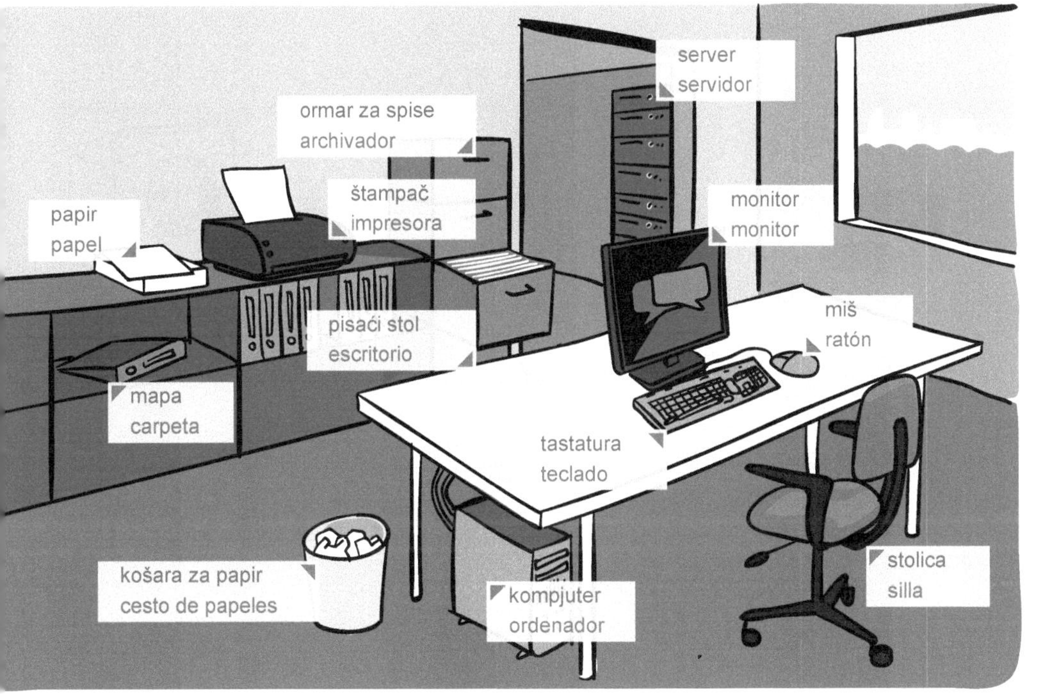

server
servidor
ormar za spise
archivador
štampač
impresora
papir
papel
monitor
monitor
miš
ratón
pisaći stol
escritorio
mapa
carpeta
tastatura
teclado
košara za papir
cesto de papeles
kompjuter
ordenador
stolica
silla


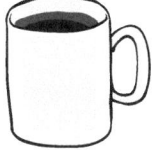

šalica za kavu

taza de café

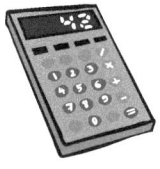

kalkulator

calculadora

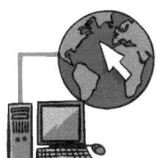

internet

internet

laptop

laptop

pismo

carta

poruka

mensaje

mobilni telefon

teléfono móvil

mreža

red

uređaj za kopiranje

fotocopiadora

softver

software

telefon

teléfono

utičnica

tomacorriente

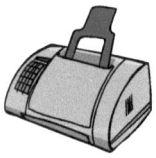

faks

máquina de fax

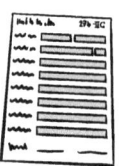

formular

formulario

dokument

documento

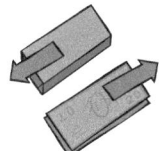

kupovati

comprar

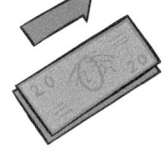

platiti

pagar

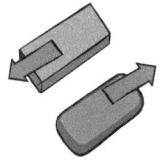

trgovati

comerciar

novac

dinero

dolar

dólar

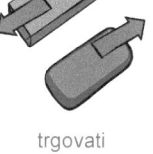

evro

euro

jen

yen

rublja

rublo

švajcarski franak

franco

renmindbi juan

renminbi

rupija

rupia

automat za novac

cajero automático

menjačnica

casa de cambio

zlato

oro

srebro

plata

nafta

petróleo

energija

energía

cena

precio

ugovor

contrato

porez

impuesto

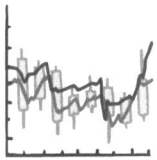

deonica

acción

raditi

trabajar

službenik

empleado

poslodavac

empleador

fabrika

fábrica

prodavnica

negocio

ekonomija  -  economía

policajac
policía

vatrogasac
bombero

kuvar
cocinero

lekar
médico

pilot
piloto

vrtlar

jardinero

stolar

carpintero

krojačica

costurera

sudija

juez

hemičar

químico

glumac

actor

vozač autobusa

conductor de autobús

vozač taksija

taxista

ribar

pescador

čistačica

mujer de la limpieza

krovopokrivač

techista

konobar

camarero

lovac

cazador

slikar

pintor

pekar

panadero

električar

electricista

građevinski radnik

albañil

inženjer

ingeniero

mesar

carnicero

limar

fontanero

poštar

cartero

vojnik

soldado

arhitekta

arquitecto

blagajnik

cajero

cvećar

florista

frizer

peluquero

kondukter

cobrador

mehaničar

mecánico

kapetan

capitán

zubar

odontólogo

naučnik

científico

rabi

rabino

imam

imam

monah

monje

svećenik

párroco

# alati
## herramientas

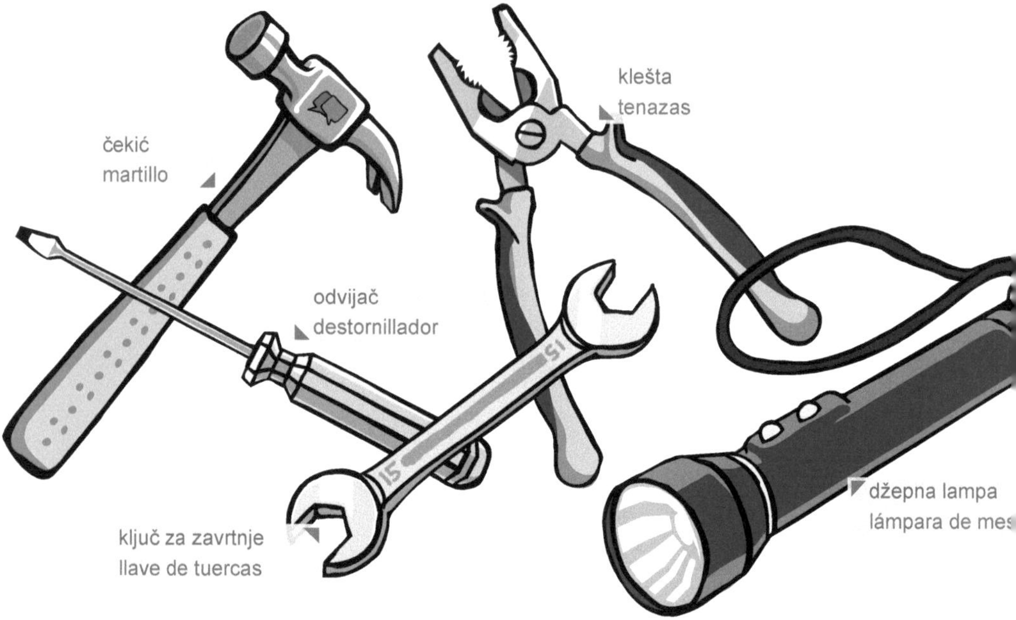

klešta
tenazas
čekić
martillo
odvijač
destornillador
džepna lampa
lámpara de mes
ključ za zavrtnje
llave de tuercas


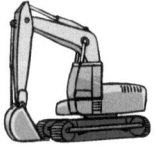

bager

excavadora

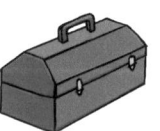

kutija za alat

caja de herramientas

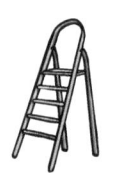

merdevine

escalerilla

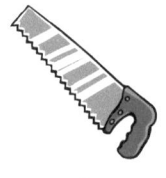

pila

serrucho

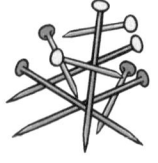

ekser

clavos

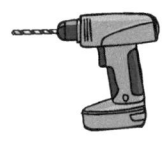

bušilica

taladro

popraviti

reparar

lopata

pala

do đavola!

¡Maldición!

lopatica

recogedor

lonac za boju

lata de pintura

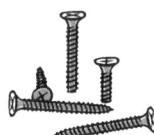

zavrtanji

tornillos

## muzički instrument

## instrumentos musicales

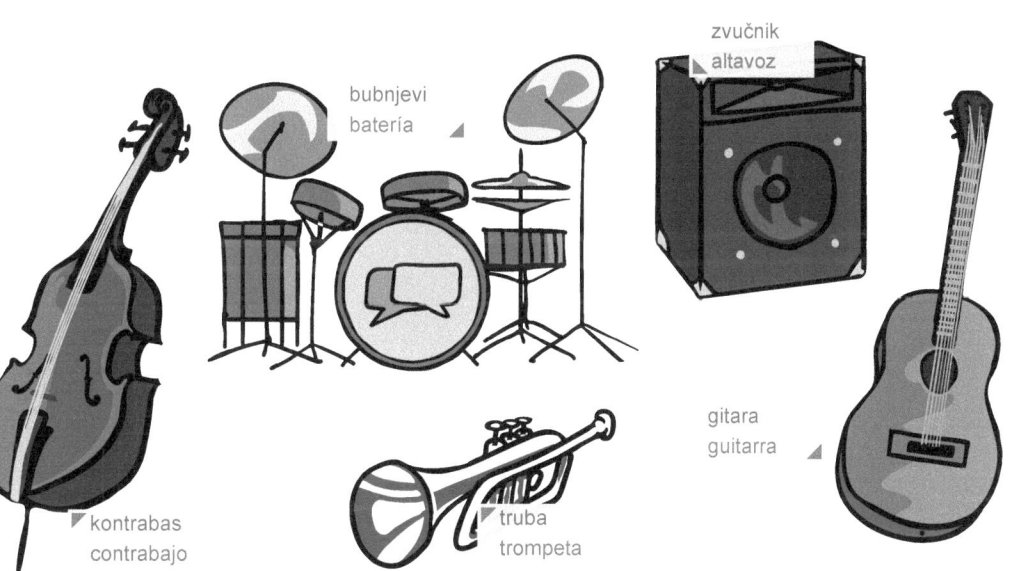

bubnjevi
batería

zvučnik
altavoz

kontrabas
contrabajo

truba
trompeta

gitara
guitarra

klavir

piano

violina

violín

bas

bajo

timpani

timbales

udaraljke za bubnjeve

tambor

tipke klavira

teclado

saksofon

saxofón

flauta

flauta

mikrofon

micrófono

muzički instrument  -  instrumentos musicales

# zoološki vrt
# zoológico

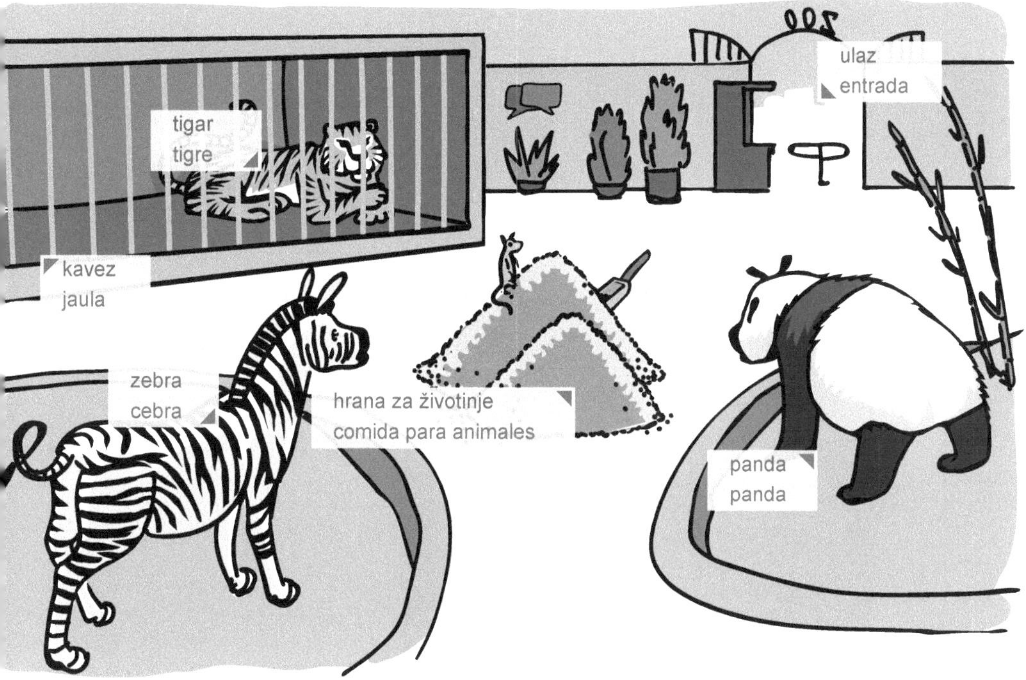

tigar
tigre
ulaz
entrada
kavez
jaula
zebra
cebra
hrana za životinje
comida para animales
panda
panda


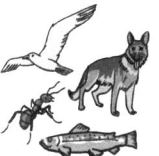

životinje
animales

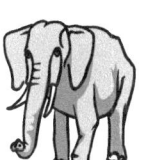

slon
elefante

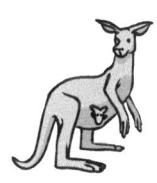

kengur
canguro

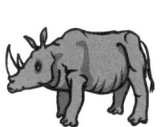

nosorog
rinoceronte

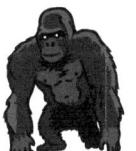

gorila
gorila

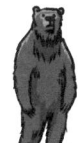

medved
oso

kamila
camello

noj
avestruz

lav
león

majmun
mono

flamingo
flamengo

papagaj
papagayo

polarni medved
oso polar

pingvin
pingüino

ajkula
tiburón

paun
pavo real

zmija
serpiente

krokodil
cocodrilo

čuvar u zoološkom vrtu
cuidador del zoológico

tuljan
foca

jaguar
jaguar

poni
pony

leopard
leopardo

nilski konj
hipopótamo

žirafa
jirafa

orao
águila

divlja svinja
jabalí

riba
pescado

kornjača
tortuga

morž
morsa

lisica
zorro

gazela
gacela

američki nogomet
fútbol americano

biciklizam
ciclismo

tenis
tenis

košarka
baloncesto

plivanje
natación

boks
boxeo

hokej na ledu
hockey sobre hielo

fudbal
fútbol

badminton
badminton

atletika
atletismo

rukomet
balonmano

skijanje
esquí

polo
polo

skočiti
saltar

smejati se
reír

zagrliti
abrazar

ići
caminar

pevati
cantar

sanjati
soñar

moliti se
rezar

poljubiti
besar

| | | |
|---|---|---|
| pisati | crtati | pokazati |
| escribir | dibujar | mostrar |
| gurati | dati | uzeti |
| presionar | dar | tomar |

imati

tener

činiti

hacer

biti

ser

stojati

estar de pie

trčati

correr

povlačiti

tirar

baciti

arrojar

padati

caer

ležati

estar acostado

čekati

esperar

nositi

llevar

sediti

estar sentado

oblačiti

vestirse

spavati

dormir

probuditi se

despertar

gledati

mirar

plakati

llorar

milovati

acariciar

češljati

peinarse

govoriti

conversar

razumeti

entender

pitati

preguntar

slušati

oír

piti

beber

jesti

comer

pospremiti

asear

voleti

amar

kuhati

cocinar

voziti

conducir

leteti

volar

ploviti

navegar

računati

calcular

čitati

leer

učiti

aprender

raditi

trabajar

venčati se

casarse

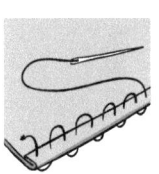

šiti

coser

prati zube

limpiarse los dientes

ubiti

matar

pušiti

fumar

poslati

enviar

aktivnosti - actividades

# porodica
# familia

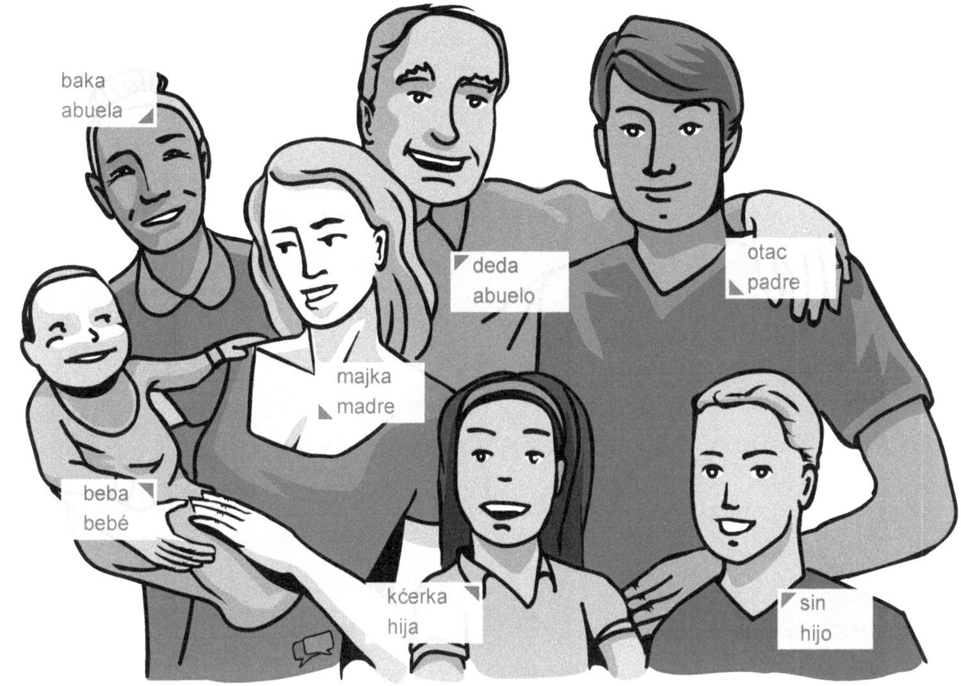
baka
abuela
deda
abuelo
otac
padre
majka
madre
beba
bebé
kćerka
hija
sin
hijo

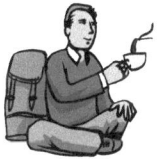

gost
invitado

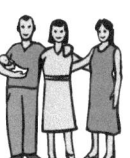

tetka
tía

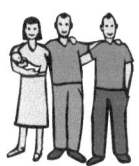

ujak, stric
tío

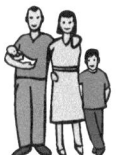

brat
hermano

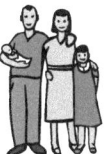

sestra
hermana

# telo
## cuerpo

čelo
frente
oko
ojo
rame
hombro
prst
dedo
lice
cara
brada
barbilla
ruka
mano
grudi
pecho
noga
pierna
ruka
brazo


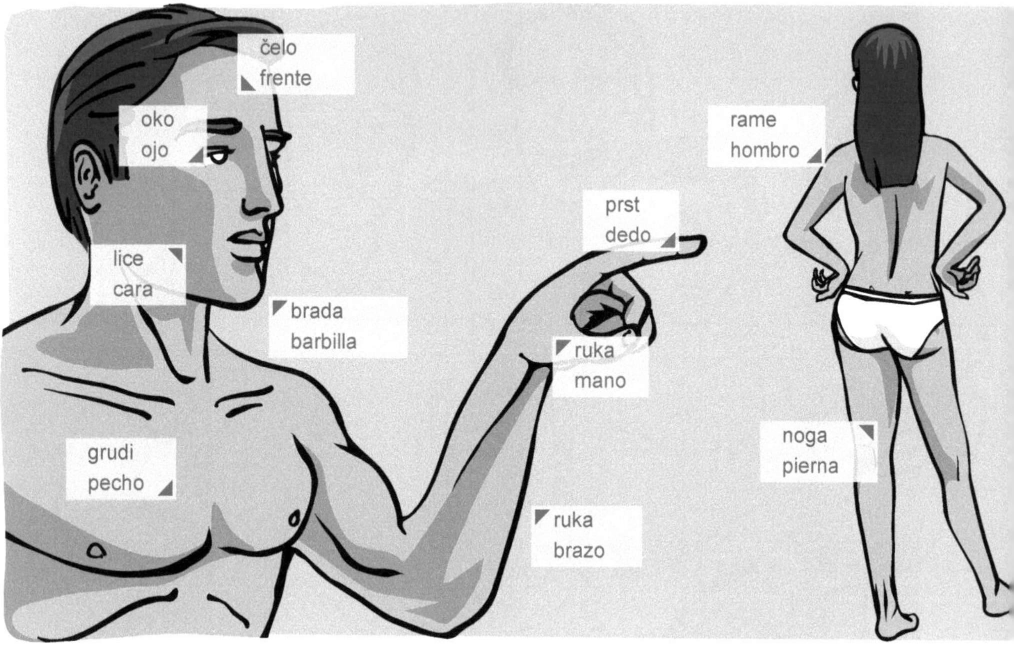

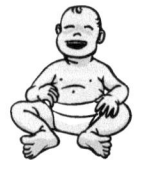

beba
bebé

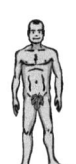

muškarac
hombre

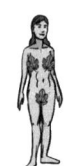

žena
mujer

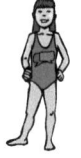

devojčica
muchacha

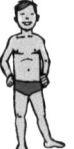

dečak
joven

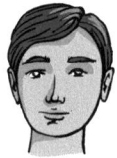

glava
cabeza

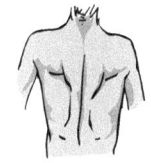

leđa

espalda

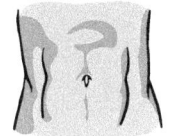

stomak

vientre

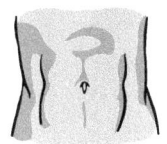

pupak

ombligo

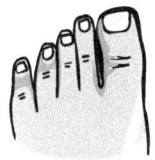

nožni prst

dedo del pie

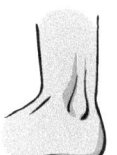

peta

talón

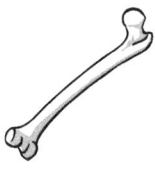

kost

hueso

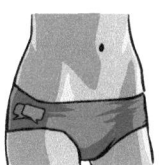

kukovi

cadera

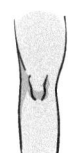

koleno

rodilla

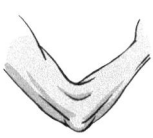

lakat

codo

nos

nariz

zadnjica

trasero

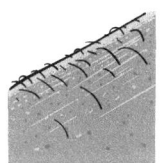

koža

piel

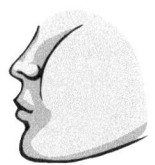

obraz

mejilla

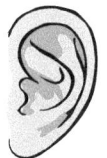

uvo

oreja

usna

labio

telo - cuerpo

usta
boca

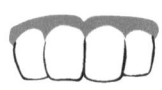

zub
diente

jezik
lengua

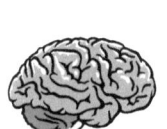

mozak
cerebro

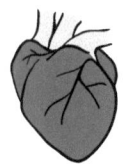

srce
corazón

mišić
músculo

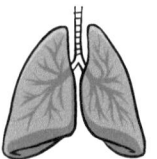

pluća
pulmón

jetra
hígado

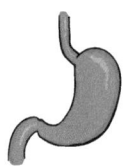

želudac
estómago

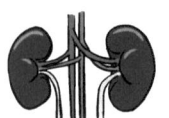

bubrezi
riñones

polni odnos
relación sexual

kondom
condón

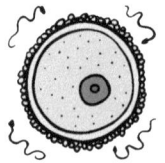

jajna ćelija
Óvulo

sperma
esperma

trudnoća
embarazo

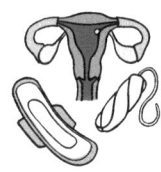

menstruacija

menstruación

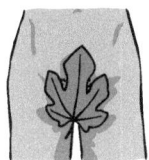

vagina

vagina

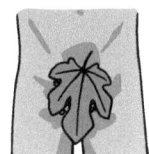

penis

pene

obrva

ceja

kosa

cabello

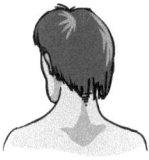

vrat

cuello

# bolnica
# hospital

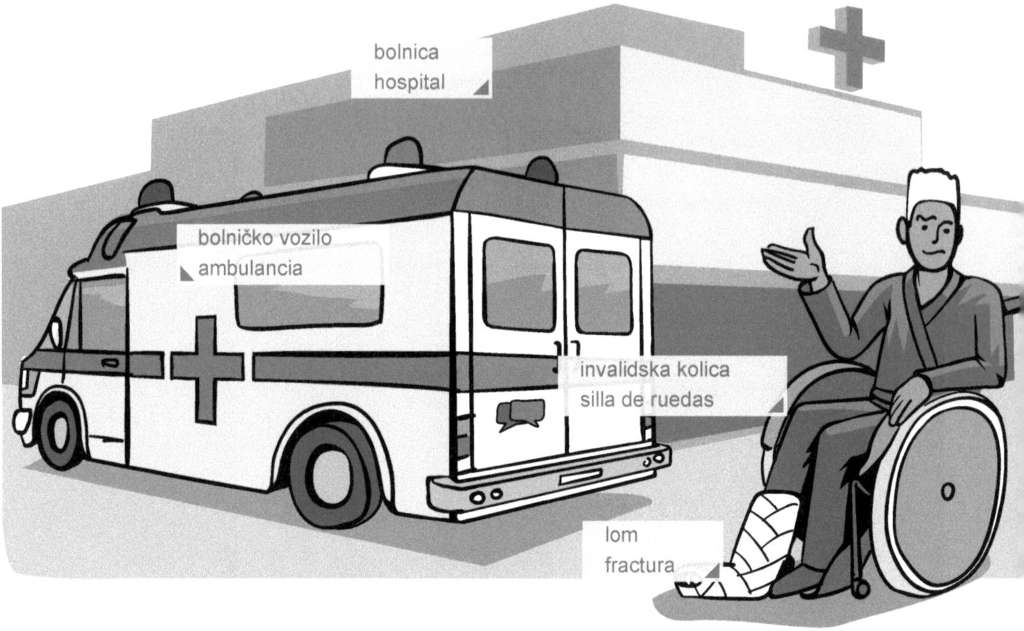

bolnica
hospital
bolničko vozilo
ambulancia
invalidska kolica
silla de ruedas
lom
fractura

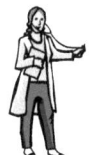

lekar

médico

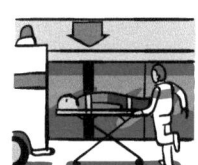

hitna medicinska služba

admisión de urgencia

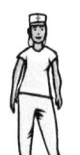

medicinska sestra

enfermera

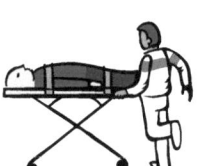

hitni slučaj

emergencia

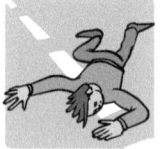

nesvest

inconsciente

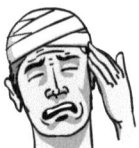

bol

dolor

povreda

lesión

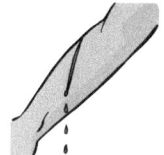

krvarenje

hemorragia

srčani udar

infarto de miocardio

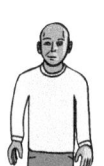

udar

apoplejía cerebral

alergija

alergia

kašalj

tos

groznica

fiebre

gripa

gripe

proliv

diarrea

glavobolja

dolor de cabeza

rak

cáncer

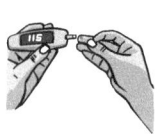

dijabetes

diabetes

hirurg

cirujano

skalpel

escalpelo

operacija

operación

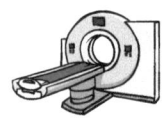

ct
TC

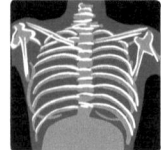

rentgen
rayos X

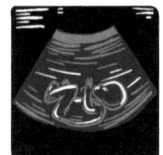

ultrazvuk
ultrasonido

maska
máscara

bolest
enfermedad

čekaona
sala de espera

štaka
muleta

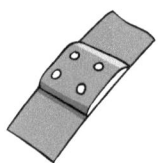

flaster
emplasto

zavoj
vendaje

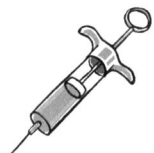

injekcija
inyección

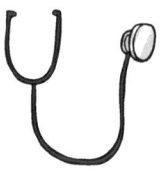

stetoskop
estetoscopio

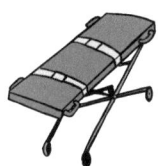

nosila
camilla

termometar
termómetro

rođenje
nacimiento

prekomerna težina
sobrepeso

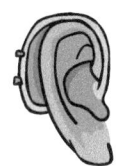

slušni aparat

audífono

sredstvo za dezinfekciju

desinfectante

infekcija

infección

virus

virus

HIV / AIDS

VIH / SIDA

medicina

medicina

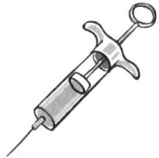

vakcinacija

vacunación

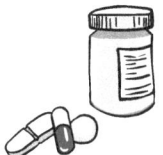

tablete

comprimido

pilula

píldora anticonceptiva

hitni poziv

llamada de emergencia

uređaj za merenje pritiska

medidor de presión arterial

bolesno / zdravo

enfermo / saludable

pomoć!

¡Ayuda!

alarm

alarma

nasrtaj

asalto

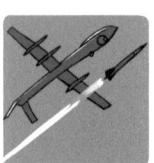

napad

ataque

opasnost

peligro

izlaz u slučaju nužde

salida de emergencia

požar!

¡Fuego!

protivpožarni aparat

extintor

nezgoda

accidente

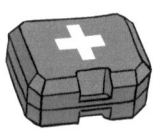

kutija prve pomoći

kit de primeros auxilios

sos

SOS

policija

Policía

Evropa

Europa

Severna Amerika

América del Norte

Južna Amerika

América del Sur

Afrika

África

Azija

Asia

Australija

Australia

Atlantik

Atlántico

Pacifik

Pacífico

Indijski okean

Océano Índico

Antarktički okean

Océano Antártico

Arktički ocean

Océano Ártico

Severni pol

Polo Norte

Južni pol
Polo Sur

Antarktik
Antártida

zemlja
Tierra

zemlja
país

more
mar

otok
isla

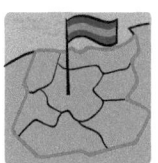

nacija
nación

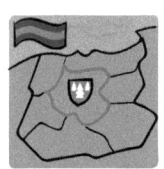

država
Estado

brojčanik sata

cuadrante

satna kazaljka

horario

minutna kazaljka

minutero

sekundna kazaljka

segundero

Koliko je sati?

¿Qué hora es?

dan

dia

vreme

tiempo

sada

ahora

digitalni sat

reloj digital

minuta

minuto

čas

hora

ponedeljak
lunes

sreda
miércoles

petak
viernes

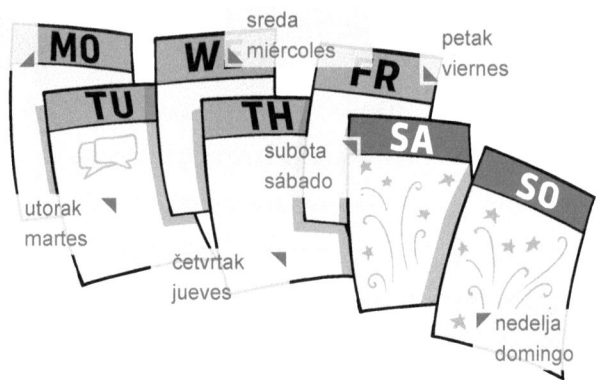

utorak
martes

subota
sábado

četvrtak
jueves

nedelja
domingo

juče
........................
ayer

danas
........................
hoy

sutra
........................
mañana

jutro
........................
mañana

podne
........................
mediodía

veče
........................
tarde

radni dani
........................
jornada de trabajo

vikend
........................
fin de semana

kiša
lluvia

duga
arco iris

vetar
viento

sneg
nieve

prol+eće
primavera

jesen
otoño

leto
verano

zima
invierno

| 4.APRIL | 11° | ☀ |
| 5.APRIL | 4° | ☁ |
| 6.APRIL | 13° | ☂ |
| 7.APRIL | 8° | ❄ |
| 8.APRIL | 10° | ❄ |

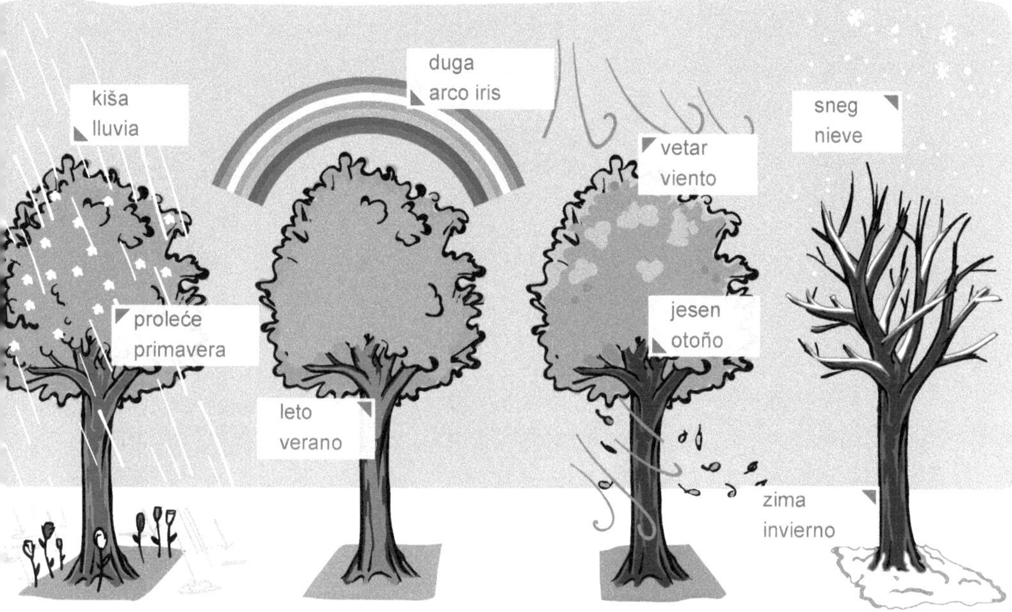

meteorološka prognoza
.................
pronóstico meteorológico

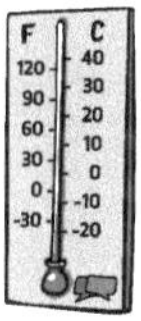

termometar
.................
termómetro

sunčana svetlost
.................
luz solar

oblak
.................
nube

magla
.................
niebla

vlažnost vazduha
.................
humedad ambiente

munja

relámpago

grmljavina

trueno

oluja

tormenta

tuča

granizo

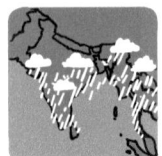

monsun

monzón

poplava

inundación

led

hielo

januar

enero

februar

febrero

mart

marzo

april

abril

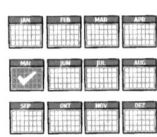

maj

mayo

juni

junio

juli

julio

avgust

agosto

godina - año

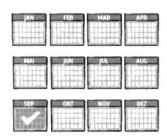

septembar
.................
septiembre

oktobar
.................
octubre

novembar
.................
noviembre

decembar
.................
diciembre

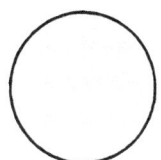

krug
.................
círculo

kvadrat
.................
cuadrado

pravougao
.................
rectángulo

trougao
.................
triángulo

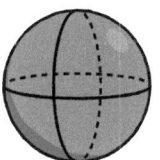

kugla
.................
esfera

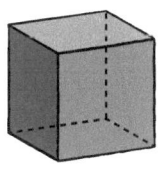

kocka
.................
cubo

bela
blanco

žuta
amarillo

narandžasta
anaranjado

ružičasta
rosa

crvena
rojo

ljubičasta
lila

plava
azul

zelena
verde

smeđa
marrón

siva
gris

crna
negro

mnogo / malo

mucho / poco

ljutito / mirno

enojado / calmado

lepo / ružno

bonito / feo

početak / kraj

comienzo / fin

veliko / maleno

grande / pequeño

svetlo / tamno

claro / oscuro

brat / sestra

hermano / hermana

čisto / prljavo

limpio / sucio

potpuno / nepotpuno

completo / incompleto

dan / noć

día / noche

mrtvo / živo

muerto / vivo

široko / usko

ancho / angosto

jestivo / nejestivo

disfrutable / no disfrutable

zlo / dobro

malo / amigable

uzbuđeno / dosadno

excitado / aburrido

debelo / mršavo

gordo / delgado

na početku / na kraju

primero / último

prijatelj / neprijatelj

amigo / enemigo

puno / prazno

lleno / vacío

tvrdo / mekano

duro / suave

teško / lagano

pesado / liviano

glad / žeđ

hambre / sed

bolesno / zdravo

enfermo / saludable

ilegalno / legalno

ilegal / legal

pametno / glupo

inteligente / tonto

levo / desno

izquierda / derecha

blizu / daleko

cercano / lejano

novo / polovno

nuevo / usado

ništa / nešto

nada / algo

staro / mlado

viejo / joven

uključeno / isključeno

encendido / apagado

otvoreno / zatvoreno

abierto / cerrado

tiho / glasno

bajo / fuerte

bogato / siromašno

rico / pobre

tačno / pogrešno

correcto / incorrecto

hrapavo / glatko

áspero / liso

tužno / sretno

triste / alegre

kratko / dugo

breve / extenso

polako / brzo

lento / veloz

mokro / suho

mojado / seco

toplo / hladno

caliente / frío

rat / mir

guerra / paz

**0**

nula

cero

**1**

jedan

uno

**2**

dva

dos

**3**

tri

tres

**4**

četiri

cuatro

**5**

pet

cinco

**6**

šest

seis

**7**

sedam

siete

**8**

osam

ocho

**9**

devet

nueve

**10**

deset

diez

**11**

jedanaest

once

**12**

dvanaest

doce

**13**

trinaest

trece

**14**

četrnaest

catorce

**15**

petnaest

quince

**16**

šestnaest

dieciséis

**17**

sedamnaest

diecisiete

**18**

osamnaest

dieciocho

**19**

devetnaest

diecinueve

**20**

dvadeset

veinte

**100**

stotinu

cien

**1.000**

hiljadu

mil

**1.000.000**

milion

millón

engleski

inglés

američki engleski

inglés estadounidense

mandarinski kineski

chino mandarín

hindski

hindi

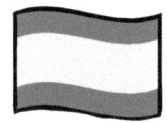

španski

español

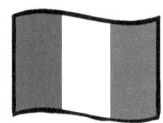

francuski

francés

arapski

árabe

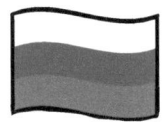

ruski

ruso

portugalski

portugués

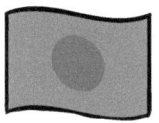

bengalski

bengalí

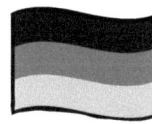

nemački

alemán

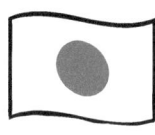

japanski

japonés

ja
yo

ti
tú

on / ona / ono
él / ella

mi
nosotros

vi
vosotros

oni
ellos

Ko?
¿quién?

Šta?
¿qué?

Kako?
¿cómo?

Gde?
¿dónde?

Kada?
¿cuándo?

ime
nombre

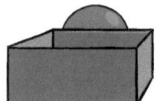

iza
............
detrás

u
............
en

ispred
............
delante de

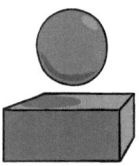

preko
............
encima de

na
............
sobre

ispod
............
debajo de

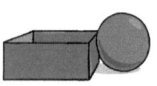

pored
............
junto a

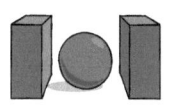

između
............
entre

mesto
............
lugar